© 2022 Der letzte Philosoph

Autor: Eray Tasköprü

Herstellung und Verlag : BoD- Books on Demand,
Norderstadt.

ISBN: 978_3_7568_5220_8

Bibliografische Informationen der Deutschen
Nationalbibliothek: Die Deutsche Nationalbibliothek
verzeichnet diese Publikation in der Deutschen
Nationalbibliografie; detaillierte bibliografische Daten sind
im Internet über dnb.dnb.de abrufbar.

Wenn du loslässt was du bist, wirst du das, was du sein könntest

Rumi

Quelle: https://stiftung-rosenkreuz.org/blog/wenn-du-loslaesst-was-du-bist-rumi/

Wie viel du auch studierst, du kannst nicht wissen, ohne zu handeln. Ein mit Büchern beladener Esel ist weder ein Gelehrter noch ein weiser Mann.

Saadi

Quelle: https://gutezitate.com/zitat/269705

Jedes Volk hat seine Vorzüge und seine Fehler. Die Fehler erkennt der Fremde sofort, die Vorzüge oft sehr viel später.

Romain Rolland

Der letzte Philosoph

Quelle: https://www.gutzitiert.de/zitat_autor_romain_rolland_1174.html

Es ist dein Weg, manche können ihn mit dir gehen, aber niemand kann ihn für dich gehen.

Mevlana

Quelle: https://www.facebook.com/weisheits.ztats/photos/es-ist-dein-wegmanche-k%C3%B6nnen-ihn-mit-dir-gehenaber-keiner-kann-ihn-f%C3%BCr-dich-gehe/314108036931169/

Die Fähigkeit zu beobachten, ohne zu werten, ist die höchste Form der Intelligenz.

Jiddu Krishnamurti

Der letzte Philosoph

Quelle: https://www.die-stadtredaktion.de/2022/06/diestadtredaktion/spruch-des-tages/die-faehigkeit-zu-beobachten-ohne-zu-werten-ist-die-hoechste-form-der-intelligenz-jiddu-krishnamurti-1895-1986-indischer-philosoph/

Wenn ich acht Stunden Zeit hätte um einen Baum zu fällen, würde ich sechs Stunden die Axt schleifen.

Abraham Lincoln

Jeder ist ein Genie! Doch wenn Du einen Fisch danach beurteilst, ob er auf einen Baum klettern kann, wird er sein ganzes Leben glauben, dass er dumm ist.

unbekannt

Was auch immer passiert, behalte dein Lächeln und verliere dich in der Liebe.

Mevlana

Quelle: https://m.facebook.com/DiekraftDieNieEndet/photos/a.160764984485915/5052839667006810/?type=3

Sei Du selbst die Veränderung, die Du Dir wünschst für diese Welt.

Mahatma Gandhi

Oft nennt die Welt im eitlen Trug den Weisen dumm, den Narren klug.

Saadi

Quelle: https://www.gutzitiert.de/zitat_autor_saadi_thema_menschenbeurteilung_zitat_14918.html

...die größte Kunst, die man im Leben lernen muß, ist die Wiedergutmachung von Irrtümern. Eines der Mittel ist, sie einzugestehen.

Herman Melville

Quelle: https://www.aphorismen.de/zitat/26074

Zwei Dinge sollten Kinder von ihren Eltern bekommen: Wurzeln und Flügel.

Goethe

Quelle: https://zeitzuleben.de/wurzeln-und-flügel/

Binde zwei Vögel zusammen: sie werden nicht fliegen können, obwohl sie nun vier Flügel haben.

Mevlana

Quelle: https://zitate.weisewortwahl.de/freiheit/binde-zwei-vogel-zusammen-sie-werden-nicht-fliegen-konnen-obwohl-sie-nun-vier-flugel-haben/

Bevor du sprichst, lasse deine Worte durch drei Tore schreiten. Beim ersten Tor frage: "Sind sie wahr?" Am zweiten, frage: „Sind sie notwendig?" Am dritten Tor frage: „Sind sie freundlich?"

Mevlana

Quelle: https://weisewortwahl.de/bevor-du-sprichst-lasse-deine-worte-durch-drei-tore-schreiten-beim-ersten-tor-frage-sind-sie-wahr-am-zweiten-frage-sind-sie-notwendig-am-dritten-tor-frage/

Wenn du durch eine harte Zeit gehst und alles gegen dich zu sein scheint, wenn du das Gefühl hast, es nicht mehr eine Minute länger zu ertragen, gib nie auf, weil dies die Zeit und der Ort ist, wo sich die Richtung ändert.

Rumi

Hört mit dem Lernen auf, und es gibt keine Sorgen mehr. Ist das Volk schwer zu lenken, so kommt es daher, daß es zuviel Wissen hat. Darum ist derjenige, der es durch Wissen lenkt, der Räuber des Landes, und der es nicht durch Wissen lenkt, das Glück des Landes.

Laotse

Nur wenn der Geist absolut still ist, sowohl an der Oberfläche als auch tief im Inneren, kann das Unbekannte, das Unmessbare, zum Vorschein kommen.

Jiddu Krishnamurti

Quelle: https://beruhmte-zitate.de/zitate/2009104-jiddu-krishnamurti-wenn-der-geist-vollig-still-ist-sowohl-auf-der-ob/

Stärke entspringt nicht physischer Kraft, sondern einem unbeugsamen Willen.

Mahatma Gandhi

Quelle: https://www.zitat-des-tages.de/zitate/staerke-entspringt-nicht-physischer-kraft-sondern-einem-unbeugsamen-willen

Arbeite, als würdest du das Geld nicht brauchen. Liebe, als hätte dich nie jemand verletzt. Tanze, als würde niemand zusehen. Singe, als würde niemand zuhören. Lebe, als wäre der Himmel auf Erden.

Mark Twain

Quelle: https://weisewortswahl.de/arbeite-als-wuerdest-du-das-geld-nicht-brauchen-liebe-als-haette-dich-nie-jemand-verletzt-tanze-als-wuerde-niemand-zusehen-singe-als-wuerde-niemand-zuhoeren-lebe-als-waere-der-himmel-auf-erde/

Ein Weiser soll die Dummheit eines gemeinen Menschen nicht mit Nachsicht hingehen lassen, denn es bringt auf beiden Seiten Schaden; das Ansehen jenes wird verringert, und die Torheit dieses wird verstärkt.

Saadi

Quelle: https://quotes.wildcck.com/de/Saadi

Es gibt Tage an denen du denkst, dass du untergehst. Wie stark du wirklich bist, merkst du erst, wenn du es überstanden hast.

unbekannt

Der erste Schritt bei der Heilung besteht darin, die Konzentration auf das zu richten, was jetzt gerade lebendig ist, und nicht auf das, was in der Vergangenheit passiert ist.

Marshall Rosenberg

Quelle: https://www.neverest.at/blog/marshall-rosenberg-gewaltfreie-kommunikation/

Wer ruhig leben will, darf nicht sagen was er weiß, und nicht glauben, was er hört.

unbekannt

Das Vergleichen ist das Ende des Glücks und der Anfang der Unzufriedenheit.

Søren Kierkegaard

Quelle: https://www.aphorismen.de/zitat/16277

Wer oder was für dich bestimmt ist, wird seinen Weg immer zu dir finden.

Søren Kierkegaard

Hab Geduld, die Dinge ändern sich zum Besseren, auch wenn es sich nicht so anfühlt.

unbekannt

Ich vermute fast, dass es uns wegen dem, was wir denken, meist schlechter geht, als wegen dem, was tatsächlich ist.

unbekannt

Der letzte Philosoph

Manchmal vermag uns ein durch den Asphalt brechender Löwenzahn die tägliche Frage nach dem Sinn des Lebens eindrücklicher und überzeugender zu beantworten, als eine ganze Bibliothek philosophischer Schriften.

Thornton Wilder

Der letzte Philosoph

Es ist keine Kunst, die Welt zu erobern; wenn du kannst, erobre ein Herz!

Saadi

Quelle: https://gutezitate.com/zitat/114898

Verwandle jeden deiner Gedanken in einen Vogel und lass ihn in eine andere Welt fliegen.

Rumi

Quelle: https://www.meinbezirk.at/brigittenau/c-freizeit/gedanken-sind-vogelfrei_a2481585

Die Erfahrung hat mich gelehrt, daß aus Unwahrheit und Gewalt auf Dauer niemals Gutes entstehen kann.

Mahatma Gandhi

Quelle: https://der-rinteliner.de/zitat-des-monats-dezember-2/

Depression ist die Belohnung fürs Bravsein.

Marshall Rosenberg

Der letzte Philosoph

Das Leben ist kurz, weniger wegen der kurzen Zeit, die es dauert, sondern weil uns von dieser kurzen Zeit fast keine bleibt, es zu genießen.

Jean-Jacques Rousseau

Der letzte Philosoph

Deine Gegenwart ist das wertvollste Geschenk, das du einem anderen menschlichen Wesen machen kannst.

Marshall Rosenberg

Suche das Licht nicht im Außen, finde das Licht in dir und lass es aus deinem Herzen strahlen.

Rumi

Was du denkst, bist du. Was du bist, strahlst du aus. Was du ausstrahlst ziehst du an.

Buddah

Quelle: https://www.spruechetante.de/sprueche-sammlung/index.php/was-du-denkst-bist-du-was-du-bist-strahlst-du-aus-was-du-ausstrahlst-ziehst-du-an/

Für den unwissenden Menschen gibt es nichts Besseres als Schweigen. Wenn er das aber wüsste, so wäre er kein Unwissender.

Saadi

Bist du geduldig im Augenblick des Zorns, so wirst du dir hundert Jage Kummer ersparen.

unbekannt

Wenn du dir eine Perle wünschst, such sie nicht in einer Wasserpfütze. Wer Perlen finden will, muss bis auf den Grund des Meeres tauchen.

Mevlana

Überheblichkeit ist der sicherste Weg zum Scheitern.

William Butler Yeats

Quelle: https://www.aphorismen.de/zitat/179743

Das Auge nimmt das Licht aus der Luft, der Geist nimmt es aus dem Wissen.

Zenon von Elea

Schlimmer als Blind sein, ist nicht sehen wollen.

Lenin

Quelle: https://gutezitate.com/zitat/129569

Wo Worte selten sind, haben sie Gewicht.

Shakespeare

Der letzte Philosoph

Die Natur hat uns nur einen Mund, aber zwei Ohren gegeben, was darauf hindeutet, daß wir weniger sprechen und mehr zuhören sollten.

Zenon von Elea

Quelle: https://www.zitate.eu/autor/zenon-von-elea-der-aeltere-zitate

Es hat keinen Sinn, Sorgen in Alkohol ertränken zu wollen, denn Sorgen sind gute Schwimmer.

Robert Musil

Quelle: https://zitate-fibel.de/zitate/robert-musil-es-hat-keinen-sinn-sorgen-in-alkohol-ertraenken-zu-wollen-denn-sorgen-sind-gute-schwimmer/

Die Schönheit in einem Menschen zu sehen ist dann am nötigsten, wenn er auf eine Weise kommuniziert, die es am schwierigsten macht, sie zu sehen.

Marshall Rosenberg

Quelle: https://inek-training.de/blog/2020/08/08/die-schoenheit-in-einem-menschen-zu-sehen-ist-dann-am-noetigsten/

Stell dir vor du bist eine Farbe.
Du wirst nicht jedem gefallen,
aber es gibt immer jemanden,
dessen Lieblingsfarbe du bist.

unbekannt

Die Welt ist ein Berg, und alles, was man je von ihr zurückbekommt, ist der Widerhall der eigenen Stimme.

Mevlana

Quelle: https://beruhmte-zitate.de/zitate/137746-dschalal-ad-din-al-rumi-die-welt-ist-ein-berg-und-alles-was-man-je-von-i/

Den Reichtum eines Menschen kann man an den Dingen messen, die er entbehren kann, ohne seine gute Laune zu verlieren.

Henry David Thoreau

Quelle: https://beruhmte-zitate.de/zitate/870723-henry-david-thoreau-den-reichtum-eines-menschen-kann-man-an-den-dingen/

Langsam kommendes Glück pflegt auch am längsten zu weilen.

Saadi

Quelle: https://wasliestdu.de/rezension/langsam-kommendes-glueck-pflegt-auch-am-laengsten-zu-weilen-saadi

Das Leben ist größer als alle Kunst. Ich möchte noch weitergehen und behaupten: Der ist der größte Künstler, der das vollkommenste Leben führt.

Mahatma Gandhi

Was du suchst ist nicht auf den Gipfeln der Berge, nicht in den Tiefen der Meere, nicht in den Straßen der Städte: Es ist in deinem Herzen.

unbekannt

Der letzte Philosoph

Fürchte dich nicht, langsam zu gehen. Fürchte dich, stehenzubleiben.

Christian August Vulpius

Der letzte Philosoph

Quelle: https://www.spruch-des-tages.de/sprueche/fuerchte-dich-nicht-langsam-zu-gehen-fuerchte-dich-nur-stehen-zu-bleiben

Geduld bedeutet, daß man immer weitblickend das Ziel im Auge behält, Ungeduld bedeutet, daß man kurzfristig nicht die Bestimmung begreift.

Rumi

Ich schaue nicht zurück und frage mich "Warum...?
Ich schaue grinsend nach vorne und sage: "Warum nicht...?"

unbekannt

Der Hund vergisst den einzigen Bissen nicht, und wirfst du ihm auch hundert Steine nach. Im Menschen, den du jahrelang gepflegt, wird durch ein Nichts Verrat und Feindschaft wach.

Saadi

Du hast eine Aufgabe zu erfüllen. Du magst tun was du willst, magst hunderte von Plänen verwirklichen, magst ohne Unterbrechung tätig sein – wenn du aber diese eine Aufgabe nicht erfüllst, wird alle deine Zeit vergeudet sein.

Rumi

Je schöner und voller die Erinnerung, desto schwerer ist die Trennung. Aber die Dankbarkeit verwandelt die Erinnerung in eine stille Freude

Dietrich Bonhoeffer

Quelle: https://zitatezumnachdenken.com/dietrich-bonhoeffer/6616

Lebe, Mensch, nicht um nur zu essen und zu trinken, sondern um das Leben für ein gutes Leben auszunützen.

Zenon von Elea

Quelle: https://www.zitate.eu/autor/zenon-von-elea-der-aeltere-zitate

Lass dir deine Einzigartigkeit
nicht nehmen. Marionetten gibt
es schon genug.

unbekannt

Es sind deine Gedanken, die dich gut oder böse, traurig oder glücklich, reich oder arm machen.

unbekannt

Die Wissenschaft erlernst du mit Hilfe der Schriften, die Kunst durch Übung, aber die Entfremdung kommt dir durch Gesellschaft zu.

Rumi

Ein guter Ruf, der fünfzig Jahre währt, wird oft durch eine schlechte Tat entehrt.

Saadi

Man kann den Menschen nicht auf Dauer helfen, wenn man für sie tut, was sie selbst tun können und sollten.

Abraham Lincoln

Quelle: https://beruhmte-zitate.de/zitate/2002014-abraham-lincoln-man-hilft-den-menschen-nicht-wenn-man-fur-sie-tut/

Manchmal lehren dich die Dinge, die dich am meisten verletzt haben, die größten Lektionen deines Lebens.

unbekannt

Wenn die Lippen schweigen,
hat das Herz hundert Zungen.

Mevlana

Quelle: https://gutezitate.com/zitat/192071

Verzage nicht, auch bei allzu großem Leid, vielleicht ist das Unglück die Quelle eines Glücks.

Menander

Wenn du versuchst etwas zu ändern, das sich nicht ändern lassen will, läufst du immer vor die Wand. Lass es einfach.

unbekannt

Wie ich entscheide, eine Situation zu betrachten, beeinflusst ganz wesentlich, ob ich die Macht habe, sie zu ändern oder ob ich die Dinge verschlimmere.

Marshall Rosenberg

Quelle: https://www.neverest.at/blog/marshall-rosenberg-gewaltfreie-kommunikation/

Nicht bewerten.
Nicht erwarten.
Nicht urteilen.
Nicht mit anderen vergleichen.
Nur atmen.

unbekannt

Nur wenn der Mensch des Äußeren beraubt wird wie Winter, besteht Hoffnung, dass sich ein neuer Frühling in ihm entwickelt.

Rumi

Quelle: https://zitatezumnachdenken.com/rumi/454

Wenn du ein Problem hast, versuche es zu lösen. Kannst du es nicht lösen, dann mache kein Problem daraus.

Buddah

Es ist entwürdigend, wenn der Mensch seine Individualität verliert und zu einem bloßen Rädchen im Getriebe wird.

Mahatma Gandhi

Quelle: https://meinpapasagt.de/es-ist-entwuerdigend-wenn-der-mensch-seine-individualitaet-verliert-und-zu-einem-blossen-raedchen-im-getriebe-wird/

Kein Mensch und keine Arbeit ist es Wert, dass du dich selbst kaputt machst. Sei dir selbst so viel Wert, dass du den Mut hast, "nein" zu sagen.

unbekannt

Mach dich nicht selbst verrückt, bei dem Versuch zu verstehen, warum etwas passiert ist, wie es passiert ist. Dein innerer Frieden ist wichtiger. Lass es los.

unbekannt

Eine alte Indianer Legende besagt, wenn du stirbst begegnest du auf der Brücke, die zum Himmel führt, allen Tieren, die deinen Weg zu Lebzeiten gekreuzt haben. Und diese Tiere entscheiden dann ob du weiter gehen darfst oder nicht.

unbekannt

Wo immer der Tanzende mit dem Fuß auftritt, da entspringt dem Staub ein Quell des Lebens.

Rumi

Das Gestern schwand, wer kennt das Morgen? Das Jetzt zu nützen, lasst uns sorgen!

Saadi

Quelle: http://de.quotesbox.org/authors/saadi-90582_1303709/

Wer seinen Wohlstand vermehren möchte, der sollte sich an den Bienen ein Beispiel nehmen. Sie sammeln den Honig, ohne die Blumen zu zerstören. Sie sind sogar nützlich für die Blumen. Sammle deinen Reichtum, ohne seine Quellen zu zerstören, dann wird er beständig zunehmen.

Buddah

Der letzte Philosoph

Quelle: https://berühmte-zitate.de/zitate/138349-siddhartha-gautama-wer-seinen-wohlstand-vermehren-mochte-der-sollte/

Wer die Menschen behandelt wie sie sind, macht sie schlechter. Wer sie aber behandelt wie sie sein könnten, macht sie besser.

Goethe

Quelle: https://www.spruch-des-tages.de/sprueche/wer-die-menschen-behandelt-wie-sie-sind-macht-sie-schlechter-wer-sie-aber-behandelt-wie-sie-sein-koennten-macht-sie-besser

Bald _ und du hast alles vergessen. Bald _ und alles ha dich vergessen.

Mark Aurel

Quelle: https://1000-zitate.de/10954/Bald-und-du-hast-alles.html

Die Liebe ist die Medizin unseres Stolzes und unserer Selbstgefälligkeit. Arzt unserer vielen Unvollkommenheiten.

Mevlana

Tue das, was sich in deinem Herzen richtig anfühlt. Kritisiert wirst du sowieso.

Eleanor Roosevelt

Der letzte Philosoph

Alles was wir sind, ist ein Resultat, dessen was wir gedacht haben.

Buddah

Auch der Anblick des Schlechten kann eine Schulung für das Gute sein!

Niccolò Tommaseo

Ein Geheimnis, das du verborgen halten willst, darfst du keinem – auch nicht den Vertrautesten – mitteilen, denn keiner wird das Geheimnis besser bewahren als du selbst.

Saadi

Manchmal kostet es mehr Kraft ein einziges Wort auszusprechen, als hundert Briefe zu schreiben.

Niccolò Tommaseo

Quelle: https://gutezitate.com/zitat/186979

Wir sind wie eine Schüssel auf dem Wasser. Die Bewegung der Schüssel auf dem Wasser wird nicht von der Schüssel, sondern vom Wasser bewirkt.

Mevlana

Quelle: https://gutezitate.com/zitat/220911

Wer sich zum Wurm macht, kann nachher nicht klagen, wenn er mit Füßen getreten wird.

Immanuel Kant

Quelle: https://www.aphorismen.de/zitat/5391

Die Großen hören auf zu herrschen, wenn die Kleinen aufhören zu kriechen.

unbekannt

Niemand wird mehr gehasst, als derjenige der die Wahrheit sagt.

unbekannt

Wenn du fliegen willst, musst du die Dinge loslassen, die dich runterziehen.

unbekannt

Wie du am Ende deines Lebens wünschest gelebt zu haben, so kannst du jetzt schon leben."

Mark Aurel

Das schlimmste Übel, an dem die Welt leidet, ist nicht die Stärke der Bösen, sondern die Schwäche der Guten.

Romain Rolland

Quelle: https://www.blueprints.de/zitate/bpps-grosser-denker/rolland-ueber-an-was-die-welt-leidet.html

Ist Ihnen jemals klar geworden, dass wir immer dann, wenn wir es am wenigsten erwarten, Inspiration finden? Wir finden sie, wenn wir sie nicht suchen, wenn sich der Geist und das Herz beruhigen.

Jiddu Krishnamurti

Der letzte Philosoph

Quelle: https://1000-zitate.de/autor/Jiddu+Krishnamurti/#:~:text=Ist%20Ihnen%20jemals%20klar%20geworden,Davonlaufen%20vor%20dem%2C%20was%20ist.

Was ist der Glaube wert, wenn er nicht in die Tat umgesetzt wird?

Mahatma Gandhi

Quelle: https://www.sagdas.com/spruch/2952

Jedes Talent hat zwei Feinde: die Bewunderung und den Neid.

Niccolò Tommaseo

Quelle: https://gutezitate.com/zitat/252099

Wenn du in jemand anderem etwas Schönes, dann sag es ihm. Vermutlich brauchst du nur ein paar Sekunden dafür, doch er bewahrt es möglicherweise bis zum Ende seines Lebens in sich.

unbekannt

Wir wissen nicht ob du klug oder dumm bist, bis Du ein Wort gesagt hast.

Saadi

Quelle: https://www.aphorismen.de/zitat/20496

Halte dich fern von denjenigen, die versuchen, deinen Ehrgeiz herabzusetzen. Kleingeister tun das immer, aber die wirklich Großen geben dir das Gefühl, dass auch du selbst groß werden kannst.

Mark Twain

Der eine Tag der im Leben alles verändern kann, beginnt jeden Morgen neu.

unbekannt

Es ist die Wahrheit, die befreit, nicht deine Bemühungen, frei zu sein.

Jiddu Krishnamurti

Quelle: https://1000-zitate.de/autor/Jiddu+Krishnamurti/

Vom Abend bis zum Morgen saß er am Bett des Kranken und weinte. Am nächsten Morgen starb er, der Kranke aber lebte weiter.

Saadi

Quelle: https://gutezitate.com/zitat/233863

Man hat nie Angst vor dem Unbekannten; man hat Angst davor, dass das Bekannte zu Ende geht.

Jiddu Krishnamurti

Quelle: https://berühmte-zitate.de/zitate/2009161-jiddu-krishnamurti-man-hat-nie-angst-vor-dem-unbekannten-man-hat-ang/

Kinder sind Gäste, die nach
dem Weg fragen.

Maria Montessori

Manchmal kommt alles anders als man denkt. Manchmal ist dieses "anders" auch gut, denn manchmal bist dieses "anders" auch du.

unbekannt

Man sieht die Blumen welken und die Blätter fallen, aber man sieht auch Früchte reifen und neue Knospen keimen.
Das Leben gehört den Lebendigen an, und wer lebt, muss auf Wechsel gefasst sein.

Goethe

Die Zeit verändert Menschen.
Situationen verändern
Menschen. Erfahrung
verändern Menschen. Aber am
Meisten verändern Menschen,
Menschen!

unbekannt

Gehe aufrecht wie dir Bäume, lebe dein Leben so stark wie Berge, sei sanft wie der Frühlingswind, bewahre die Wärme der Sonne im Herzen und der große Geist wird immer mit dir sein.

Weisheit der Navajo

Quelle: https://www.aphorismen.de/gedicht/58637

Wer den Weg der Wahrheit geht, der stolpert nicht.

Mahatma Gandhi

Eines Tages klopfte die Angst an der Tür. Der Mut stand auf und öffnete , aber da war niemand draußen.

Goethe

Quelle: https://www.facebook.com/mentalerleben.at/photos/a.195268033825435/3168952669790285/?type=3

Es gibt zwei Dinge im Leben, die du nicht zurück nehmen kannst. Den Pfeil, den du verschossen hast und das Wort, das du gesprochen hast.

unbekannt

Wenn du still bist, verstehen dich nur Menschen, die dich fühlen.

unbekannt

Erwarte keine Treue von den Nachtigallen, die jeden Augenblick eine andere Rose besingen.

Saadi

Der letzte Philosoph

Ehrlichkeit hat eine Macht, mit der nur sehr wenige Menschen umgehen können.

unbekannt

Zumindest eine Stunde am Tag schließe einfach die Augen. Sie zu schließen bedeutet, dass du für die Gesellschaft geschlossen bist; keine Gesellschaft existiert, nur du, so dass du dich dir selbst zuwenden kannst.

Osho

Nutze die Talente, die du hast.
Die Wälder wären sehr still,
wenn nur die begabtesten Vögel
sängen.

Henry van Dyke

Quelle:
https://www.gutzitiert.de/zitat_autor_henry_van_dyke_thema_anlage_zitat_4079.html#:~:text=Nutze%20die%20Talente%2C%20die%20Du,nur%20die%20begabtesten%20V%C3%B6gel%20s%C3%A4ngen

Der Teufel flüstert mir ins Ohr:
"Du bist nicht stark genug, um
den Sturm standzuhalten."
Heute flüsterte ich dem Teufel
ins Ohr: "Ich bin der Sturm!"

unbekannt

Daß mir der Hund das Liebste sei, sagst du, o Mensch, sei Sünde? Der Hund blieb mir im Sturme treu, der Mensch nicht mal im Winde.

Franz von Assisi

Quelle: https://www.aphorismen.de/zitat/51644

Verbringe die Zeit nicht mit der Suche nach einem Hindernis. Vielleicht ist keines da.

Kafka

Quelle: https://www.zitat-des-tages.de/zitate/verbringe-nicht-die-zeit-mit-der-suche-nach-einem-hindernis-vielleicht-ist-keines-da-franz-kafka

Manchmal sind die Dinge, vor denen du am Meisten Angst hast sie zu tun, die Dinge, die dir die Freiheit bringen.

unbekannt

Drei Dinge helfen, die Mühseligkeiten des Lebens zu tragen: Die Hoffnung, der Schlaf und das Lachen.

Immanuel Kant

"Das ist unmöglich" sagt die Angst. "Zu viel Risiko" sagt die Erfahrung. "Macht kein Sinn" sagt der Zweifel. "Versuchs" flüstert das Herz.

unbekannt

Das Opfer kostet jene nichts,
die keine Leidenschaften
kennen.

Romain Rolland

Quelle: https://www.aphorismen.de/zitat/220523

Das Leben ist eine Reise, die heimwärts führt.

Herman Melville

Quelle: https://www.gratis-spruch.de/sprueche/id/25048

Auch die Angst hat Angst. Nämlich davor, dass du erkennen könntest, dass du in Wahrheit frei bist. Denke in Lösungen und nicht in Problemen und du wirst frei.

unbekannt

Irgendwann wird alles Sinn machen. Also lache jetzt über deine Verwirrung, überstehe die Tränen, sei stark und denk daran: Alles hat einen Grund.

unbekannt

Etwas im Leben hinter sich zu lassen bedeutet nicht, dass man vergisst. sondern nur, dass man akzeptiert, was geschehen ist und weiterlebt.

unbekannt

Das schlimmste Übel, an dem die Welt leidet, ist nicht die Stärke der Bösen, sondern die Schwäche der Guten.

Romain Rolland

Quelle: https://www.gutzitiert.de/zitat_autor_romain_rolland_1574.html

Der Anfang eines schönen Lebens und höchster Reichtum ist die Weisheit. Daher ist auch Weisheit die wertvollste Frucht aller Philosophie.

Epikur von Samos

Quellehttps://zitate-aphorismen.de/zitat/wertvollste-frucht-der-philosophie/

Notitzen:

Der letzte Philosoph